비가 그치자 풀잎에도,
나뭇잎에도 빗방울이 송알송알 맺혔어요.
그러자 어디선가 달팽이가 나타나서 물기가 흐르는
미끌미끌한 나뭇잎 위를 기어 다녀요.

달팽이는 미끄러운 나뭇잎 위에서
어떻게 떨어지지 않고 기어갈까요?

# 달팽이의 한살이

느릿느릿 아기 달팽이가 태어났어요!
어, 그런데 우리가 알고 있는 달팽이의 모습이 아니에요.
달팽이는 알로 태어나서 20일에서 30일이 지나야만 껍질을 뚫고
아기 달팽이가 나오기 때문이지요. 투명하고 하얗던 알이 어떻게 변하고
변하여 어른 달팽이가 되는지 그 과정을 자세히 살펴보아요.

**01**
달팽이알은 껍질이 얇아서 속이 비쳐 보여요.
아기 달팽이는 알 속에 있는 노른자위를 먹고 자라요.

**02**
알을 낳은 지 20~30일이 지나면 하얀
알 껍질에서 아기 달팽이가 나와요.

**03**
아기 달팽이가 알 껍질에서 몸을 완전히 빼고 나왔어요.
갓 태어난 아기 달팽이는 껍데기가 아주 얇고, 소용돌이무늬가 한 바퀴 반 꼬여 있어요.

**껍데기와 함께 자라는 달팽이** 자라면서 껍데기의 크기도 커지고 껍데기에 있는 소용돌이의 수도 점점 늘어나요.

**04**

알에서 깬 아기 달팽이는 알을 덮고 있던 흙을 헤치고
땅 위로 올라와서 먹이를 찾아 돌아다녀요.

**05**

먹이를 찾아 먹으면서 점점 크게 자라요.

**06**

알에서 나온 지 한 달 정도 되면 껍데기의 소용돌이무늬가 2바퀴 반 정도로 늘어나고,
3~4달 되면 4바퀴 정도로 늘어나요. 자라면서 껍데기도 점점 두꺼워져요.

### 감수 최재천

서울대학교 동물학과를 졸업하고 미국 펜실베이니아 주립대학에서 생태학 석사를, 하버드대학교에서 생물학 박사 학위를 받았습니다.
서울대학교 생명과학부 교수를 역임했으며 현재 이화여자대학교 에코과학부 석좌교수, 기후변화센터 공동대표로 있습니다.
2000년 대한민국 과학문화상, 2004년 대한민국 과학기술진흥훈장(도약상), 2007년 일본생태학회 우수논문상 등을 수상했으며,
2004년 과학문화재단-동아사이언스 제정 '닮고 싶고 되고 싶은 과학기술인'에 선정되었습니다.
저서로는 〈개미 제국의 발견〉, 〈인간은 왜 병에 걸리는가〉, 〈생명이 있는 것은 다 아름답다〉, 〈여성 시대에는 남자도 화장을 한다〉,
〈상상 오디세이〉 등 많은 작품이 있습니다.

### 글 꿈꾸는 초록이

자연과학을 전공한 과학 전문 출판인들의 모임입니다.
오랜 세월 녹색 환경과 생태에 관심을 가지고 많은 자연과학 및 생태 관련 서적을 출판하였으며
오늘도 어린이들에게 자연의 아름다움과 꿈을 키워 주기 위해 노력하고 있습니다.

### 글 정진미

상명대학교 영어교육학과를 졸업하고 출판사에서 어린이책을 만들었습니다.
요즘은 동화가 어린이의 어학 발달에 어떤 영향을 미치는지 공부하고 있으며, 틈틈이 글도 쓰고 있습니다.
어린이에게 행복과 즐거움을 주는 책을 만들고 싶은 작은 꿈이 있습니다.

### 사진 서정화

1963년 경상북도에서 태어나 생물의 생태를 전문으로 찍는 사진 작가로 활동하고 있으며,
현재 한국 생태 사진가 협회, 푸른 교육 공동체 운영 위원으로 일하고 있습니다.
〈한국의 새를 찾아서〉를 비롯한 개인 사진전을 수차례 열었으며,
MBC, KBS, EBS 자연 다큐멘터리 조류 관련 자문 위원으로 참여했습니다.
저서로는 〈새들의 비밀〉, 〈한국 조류 생태도감〉, 〈살아 있는 생태박물관〉 등 많은 작품이 있습니다.

---

**+UP 자연속으로 껍데기 집을 진 달팽이**

**감수** 최재천 **글** 꿈꾸는 초록이 · 정진미 **사진** 서정화 **그림** 오현균 · 홍성지 · 원성현 · 류후선
**펴낸이** 최학용 **펴낸곳** 키즈탄탄 주식회사 **출판등록** 제2022-000051호
**주소** 서울특별시 금천구 가산디지털1로 30, 901호 **TEL** 031-341-1025
**홈페이지** www.tantani.com
**편집 책임** 이정순 **편집** 김미연 · 정진미 · 이수정 · 이주연 · 박지은 · 강효임 · 오유리 **교정** 박사례
**디자인** 천현정 · 강경진 · 왕효수 · 이영희 · 명икро경 · 한옥현 · 전경숙 **조판** 민정희 **포토 리서치** 홍수진 시몽포토에이전시

**사진제공**
내셔널 지오그래픽 · 멀티비츠/GettyImagesKorea · 시몽포토에이전시 · 이미지클릭 · 유로크레온 · 타임스페이스 · 토픽포토에이전시 ·
AGE Photostock · Alamy Images · INTERFOTO · Juniors Bildarchiv · Minden Pictures · Peter Arnold · Photolibrary/Oxford ·
The Bridgeman Art Library · The Nature Picture Library

키즈탄탄 주식회사는 어린이 그림동화 전문 출판사입니다. 이 책은 저작권법에 따라 보호받는 저작물이므로,
이 책의 전부 또는 일부를 무단으로 복사, 복제, 배포하거나 전산장치에 저장할 수 없습니다.
책 모서리가 날카롭고 무거워 다칠 수 있으니 사람을 향해 던지거나 떨어뜨리지 마십시오. 보관 시 직사광선이나 습기 찬 곳은 피해 주십시오.
..................................................
ISBN 979-11-982571-4-7  ISBN 979-11-982571-0-9 74400 (세트)

07
다 자라면 소용돌이무늬가 5바퀴로 늘어나고,
아기 달팽이 때보다 껍데기의 크기가 약 10배쯤 커져요.

껍데기 집을 진
# 달팽이

감수 최재천 | 글 꿈꾸는 초록이·정진미 | 사진 서정화

여원키즈탄탄

#  껍데기 집을 지고 살아요

"난 집을 짓지 않아도 돼. 껍데기로 된 멋진 집이 있거든."
달팽이는 뱅글뱅글 소용돌이 모양의 껍데기를 등에 짊어지고 살아요.
오른쪽으로 뱅글뱅글, 왼쪽으로 뱅글뱅글.
동글동글 볼록한 껍데기, 탑처럼 뾰족한 껍데기.
달팽이마다 껍데기에 있는 소용돌이의 모양과 색깔이 모두 달라요.

**뱅글뱅글 꼬여 있는 달팽이의 껍데기** 달팽이 껍데기는 대부분 소용돌이 모양으로 돌돌 말려 있어요. 껍데기의 모양과 색깔은 달팽이의 종류에 따라 달라요.

"애고, 힘들어. 그래도 쉬지 말고 어서 가야지. 영차, 영차."
껍데기를 등에 짊어진 달팽이가 느릿느릿 기어가요.
미끌미끌한 풀 줄기에서도, 하늘하늘한 풀잎 위에서도,
거칠거칠한 나무줄기에서도 떨어지지 않고 느릿느릿 잘 기어가지요.

**나무줄기를 기어가는 달팽이** 달팽이는 매끄러운 나뭇잎이나 나무줄기, 가느다란 풀잎 위에서도 떨어지지 않고 잘 기어가요.

**거친 나무줄기를 기어가는 달팽이** 거친 나뭇가지나 자갈 위에서도 다치지 않고 느릿느릿 잘 기어 다녀요.

**뾰족뾰족한 가시 위를 기어가는 달팽이**
가시가 있어 따가운 엉겅퀴 줄기에서도
잘 기어가요.

### 상식 톡톡

**달팽이는 어디에서 사나요?** | 물기를 좋아하는 달팽이는 축축한 곳에서 살아요. 풀숲이나 낙엽이 쌓인 곳, 썩은 나무 아래 등이 달팽이가 살기 좋아하는 곳이에요.

# 미끌미끌 재주 많은 배다리

"나는 배다리를 움직여 어디든지 갈 수 있어. 재주 많은 내 배다리를 볼래?"
달팽이는 배다리에서 끈적끈적하고 미끈미끈한 점액이 나와 어디든지 잘 기어가요.
거꾸로 대롱대롱 매달려도 떨어지지 않고, 배다리로 줄기를 감싸 쥘 수도 있어요.
배다리를 쭉 늘이면 서로 떨어져 있는 곳으로도 쉽게 옮겨 갈 수 있지요.

**달팽이가 지나간 자국** 달팽이의 배다리에서 미끌미끌한 점액이 나오기 때문에 달팽이가 지나간 자리에는 점액이 남아 있어요.

달팽이는 몸의 어느 부분을 움직여 기어가나요?
(정답은 51쪽에 있습니다.)

### ■ 배다리를 길게 늘여 이동하는 달팽이
달팽이는 배다리를 길게 늘일 수 있기 때문에 떨어져 있는 나뭇가지나 나뭇잎으로도 쉽게 이동할 수 있어요.

**배다리로 풀줄기를 돌돌 말며 이동하는 달팽이** 배다리의 근육으로 가는 풀줄기나 나뭇가지를 돌돌 감싸 쥐면서 움직여요.

**매끄러운 풀잎에 거꾸로 매달려 있는 달팽이** 배다리는 근육이 발달했고 끈적끈적한 점액이 나오기 때문에 매끄러운 풀잎에 몸을 착 붙이면 거꾸로 매달려도 떨어지지 않아요.

# 먹이 색깔이 바로 똥 색깔

배고픈 달팽이가 더듬이를 두리번거리며 먹잇감을 찾아다녀요.
"음, 내가 좋아하는 채소랑 나뭇잎이 잔뜩 있네."
달팽이는 배다리를 먹잇감 위에 넓게 펴서 찰싹 붙이고 먹이를 먹어요.
입속에 있는 까끌까끌한 혀로 사각사각 맛있게 갈아 먹지요.

**더듬이로 먹잇감을 찾는 달팽이** 눈이 달린 긴 더듬이를 두리번거리며 주위를 살피고, 짧은 더듬이로 냄새를 맡으면서 먹잇감을 찾아요.

**잎을 갉아 먹는 달팽이** 달팽이는 배다리를 평평하게 펴서 먹잇감에 착 붙이고, 입으로 갉아 먹어요. 입안에 있는 치설로 먹이를 비벼서 갉아 먹지요.

**똥을 누는 달팽이** 껍데기 안에 있는 항문으로 똥을 누어요. 항문은 껍데기의 입구를 덮고 있는 살에 붙어 있어서, 몸 앞쪽에서 똥이 나와요.

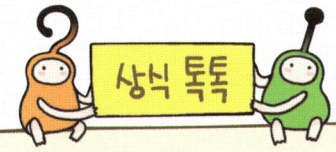

**상식 톡톡**

**달팽이가 좋아하는 먹이는 무엇인가요?**
달팽이는 나뭇잎이나 채소와 같은 식물성 먹이를 주로 먹어요. 채소 중에서도 특히 연하고 단맛이 나는 것을 좋아해요. 그 밖에 썩은 낙엽이나 버섯, 단맛이 나는 연한 열매도 좋아해요.

먹이를 잔뜩 먹은 달팽이가 끄응 힘을 주더니 똥을 싸요.
얇고 꼬불꼬불하고 기다란 똥을 뿌지직, 뿌지직 싸요.
"나는 먹이 색깔과 똑같은 색깔의 똥을 싸."
달팽이는 흰색 먹이를 먹으면 흰색 똥을,
초록색 먹이를 먹으면 초록색 똥을 싸요.

**흰색 꽃을 먹은 달팽이** 흰색 똥을 누었어요.

빨간색 앵두를 먹은 달팽이  빨간색 똥을 누었어요.

초록색 양상추 잎을 먹은 달팽이  초록색 똥을 누었어요.

# 암수한몸인 달팽이의 사랑

비가 많이 오는 장마철이 되자 달팽이들이 짝을 찾아 나서요.
달팽이는 암수가 한 몸에 있어 모두 알을 낳을 수 있지만
다른 달팽이를 만나 짝짓기를 해야만 알을 만들 수 있어요.
쿵쿵, 더듬이로 냄새 맡아 짝을 찾고 몸을 꼭 붙여 짝짓기를 하고는 헤어져요.

**정자를 교환하는 달팽이** 짝짓기를 할 때 더듬이 뒤쪽에 있는 하얗고 긴 관을 서로 뻗어서 정자를 주고받아요.

**짝짓기 하는 달팽이 한 쌍** 서로의 몸을 꼭 붙이고 비비면서 짝짓기를 해요.

**흙 속에 알을 낳는 달팽이** 짝짓기가 끝나고 시간이 지나면 촉촉이 젖은 흙을 파고 알을 낳아요. 달팽이의 알은 생식공에서 나오지요. 달팽이는 알을 다 낳으면 눈에 잘 띄지 않도록 흙으로 알을 덮어 줘요.

# 엄마 닮은 아기 달팽이가 나와요

흙덩이가 달싹달싹 움직이더니 알에서 아기 달팽이들이 나와요.
사각사각, 아기 달팽이가 알 껍질을 갉아 먹자 작은 구멍이 생겨요.
구멍 밖으로 더듬이를 쏙 내밀고 꼬물꼬물 귀여운 아기 달팽이들이 나와요.

01 달팽이알은 껍질이 얇아서 속이 비쳐 보여요. 아기 달팽이는 알 속에 있는 노른자위를 먹고 자라요.

02 알을 낳은 지 20~30일이 지나면 하얀 알 껍질에서 아기 달팽이가 나와요.

03 아기 달팽이가 알 껍질에서 몸을 완전히 빼고 나왔어요. 갓 태어난 아기 달팽이는 껍데기가 아주 얇고, 소용돌이무늬가 한 바퀴 반 꼬여 있어요.

04 알에서 깬 아기 달팽이는 알을 덮고 있던 흙을 헤치고 땅 위로 올라와서 먹이를 찾아 돌아다녀요.

05 먹이를 찾아 먹으면서 점점 크게 자라요.

06 알에서 나온 지 한 달 정도 되면 껍데기의 소용돌이무늬가 2바퀴 반 정도로 늘어나고, 3~4달 되면 4바퀴 정도로 늘어나요. 자라면서 껍데기도 점점 두꺼워져요.

"난 비록 작지만 우리 엄마를 쏙 빼닮았어."
"나도, 나도. 뱅글뱅글 껍데기도 있고 더듬이도 있잖아."
사각사각 맛있게 먹이를 먹으면서 아기 달팽이가 쑥쑥 자라요.
뱅글뱅글 소용돌이무늬의 꼬임 수도 점점 늘어나지요.

07 다 자라면 소용돌이무늬가 5바퀴로 늘어나고, 아기 달팽이 때보다 껍데기의 크기가 약 10배쯤 커져요.

달팽이의 세상 나들이

# 촉촉한 물기를 좋아해요

햇볕이 쨍쨍 내리쬐는 여름이 되면 달팽이 몸의 물기가 금세 말라요.
그래서 껍데기 속에 몸을 숨기고 시원한 그늘에 숨어 비가 오기를 기다리지요.
"이야, 신난다! 비가 왔어! 어서어서 나가자."
비가 그치자 신이 난 달팽이들이 촉촉한 풀잎 위를 미끌미끌 기어가요.

**비 오는 날을 좋아하는 달팽이** 달팽이는 몸에 있는 물기가 마르면 살 수 없기 때문에 몸이 언제나 촉촉하게 젖어 있어야 해요.
그래서 비가 많이 오는 장마철에 가장 활발하게 활동해요.

**엄마랑 퀴즈랑**

달팽이는 비가 오는 날과 햇볕이 쨍쨍 내리쬐는 날 중 어느 날을 더 좋아하나요?
(정답은 51쪽에 있습니다.)

**여름잠을 자는 달팽이** 날씨가 더운 한여름에는 몸의 물기가 마르지 않도록 껍데기 속에 몸을 숨기고 그늘진 풀잎 뒷면이나 나무줄기, 바위틈 같은 곳에 달라붙어 여름잠을 자요.

# 앗, 적이 나타났다!

"앗, 무서운 적이 나타났다! 어서 몸을 숨겨야 해."
숲속에는 느릿느릿 기어가는 달팽이를 노리는 적들이 많아요.
적이 나타나자 더듬이로 주위를 살피던 달팽이가 껍데기 안으로 얼른 몸을 숨겨요.
하지만 딱정벌레의 날카로운 턱과 새의 뾰족한 부리는 피할 수가 없어요.

**점액을 내뿜는 달팽이** 달팽이는 적을 만나면 거품 같은 점액을 적에게 내뿜어요.

**딱정벌레에게 잡아먹히는 달팽이** 강하고 날카로운 턱을 가진 딱정벌레는 달팽이의 가장 무서운 적이에요.
강한 턱으로 달팽이의 껍데기를 부수고는 어느새 껍데기 안으로 머리를 집어넣어 달팽이의 속살을 파먹어요.

**직박구리에게 잡힌 달팽이** 직박구리가 새끼에게 먹이로 주려고 달팽이를 잡아 왔어요.

# 새근새근, 겨울잠을 자요

겨울이 오면 온 세상이 꽁꽁 얼어붙고 공기도 건조해져요.
"아유, 추워. 따뜻한 낙엽 밑으로 가서 겨울잠을 자야지."
달팽이가 껍데기 안으로 몸을 집어넣고 죽은 듯이 겨울잠을 자요.
아무것도 먹지 않고 껍데기 속에서 겨울잠을 자면서 따뜻한 봄이 오기를 기다리지요.

**달팽이의 겨울잠** 추운 겨울이 오면 낙엽 더미나 돌 밑으로 기어 들어가 껍데기에 몸을 집어넣고 겨울잠을 자요.

**하얀 막을 친 달팽이** 달팽이는 잠을 잘 때 껍데기 입구에 석회질로 된 하얀 막을 쳐서 단단히 막고, 공기가 통할 수 있는 구멍 하나를 남겨 두어요. 이 구멍으로 공기를 채운 후에는 구멍을 막는데, 공기가 모자라면 다시 구멍을 열어요.

**달팽이는 왜 여름잠과 겨울잠을 자나요?**
달팽이는 축축한 곳을 좋아하는데, 뜨거운 햇볕이 내리쬐는 여름에는 몸의 물기가 쉽게 마르고 겨울에는 추워서 달팽이가 살기 힘들어요. 그래서 뜨거운 여름에는 더위와 건조함을 피하기 위해서, 겨울에는 추위로 몸이 어는 것을 피하기 위해서 껍데기에 몸을 꼭꼭 숨기고 잠을 자요.

# 난 이렇게 생겼어요

"나는 부드러운 달팽이야. 내 몸에는 뼈가 없고 부들부들 부드러운 살만 있어."
달팽이에는 길쭉길쭉 기다란 더듬이가 한 쌍, 짤막짤막 짧은 더듬이가 한 쌍 있어요.
성큼성큼 걷는 다리는 없지만 미끌미끌한 배가 다리예요.
미끌미끌 배다리를 움직여서 어디든 다닐 수 있지요.

**껍데기** 조개껍데기 같은 석회질 성분으로 되어 있어 단단해요. 단단한 껍데기는 부드러운 달팽이의 몸을 보호해 줘요.

**피부** 끈적끈적하고 미끈미끈한 점액이 나와 물체 위를 잘 기어 다닐 수 있어요.

### 상식 톡톡

**연체동물** | 달팽이처럼 몸에 뼈가 없고 살이 연하고 부드러운 동물을 말해요. 문어, 오징어, 조개 등도 연체동물에 속하지요.

**긴 더듬이** 마음대로 늘였다. 움츠렸다 할 수 있어요. 이리저리 움직이면서 더듬이 끝에 있는 눈으로 주변을 살펴봐요.

**짧은 더듬이** 주위의 온도와 진동, 바람, 냄새를 느낄 수 있어요.

**눈** 긴 더듬이 끝에 있어요. 사물을 정확하게 잘 볼 수는 없지만 밝고 어두운 것을 느낄 수 있어요.

**입** 입속에는 치설이라고 하는 혀가 있는데, 이 치설에는 아주 작은 이빨이 1만 개도 넘게 나 있어요. 치설은 까끌까끌해서 나뭇잎이나 채소를 갉아 먹기에 알맞아요.

# 우리는 모두 달팽이 친구예요

달팽이는 사는 곳에 따라 몸 색깔도 다르고 생김새도 여러 가지예요.
뱅글뱅글 껍데기의 무늬도 다르고, 색깔도 달라요.
껍데기에 털이 있는 달팽이도 있고, 껍데기가 없는 달팽이도 있어요.

**에스카르고** 식용 달팽이로, 프랑스 요리에 이용되는 달팽이예요.

**제주배꼽털달팽이** 우리나라 제주특별자치도와 남부 해안 지방에서 발견되는 특산종 달팽이예요. 숲속의 습기가 많은 낙엽 밑이나 돌담 밑에서 살며, 껍데기의 높이가 낮고 가장자리에 털이 나 있어요.

**민달팽이** 등에 껍데기가 없고, 껍데기가 있는 보통 달팽이보다 몸길이가 길어요. 달팽이처럼 축축한 곳을 좋아하고, 몸이 외투막으로 둘러싸여 있어 부드러운 몸을 보호해요.

**아프리카육지자이언트달팽이** 몸집이 아주 큰 달팽이예요. 몸길이가 20~25센티미터인데, 몸을 쭉 펴면 더 크게 늘어나요.

**흰입술달팽이** 유럽에서 볼 수 있는 달팽이예요. 등껍데기의 색깔이 대부분 노란색을 띠며, 줄무늬가 있는 것이 많아요.

**플로리다나무달팽이** 미국 플로리다 지역에서 볼 수 있어요. 나무에서 살며, 등껍데기가 탑처럼 뾰족해요.

# 달팽이와 친척이에요

"나는 민물에 사는 우렁이야." "난 바다에 사는 소라야."
사는 곳은 모두 달라도 우렁이와 소라, 다슬기는
달팽이처럼 껍데기를 등에 이고 배다리를 움직여 기어 다녀요.

**소라** 두껍고 단단한 껍데기 입구에 뚜껑이 있어요.

**갯고둥** 갯벌이나 하구 근처의 모래밭에 떼를 지어 살아요.

**민물고둥(다슬기)** 하천과 호수 등 물이 깊고 물살이 센 곳의 바위틈에 살아요.

**우렁이** 연못이나 논과 같은 민물에서 살아요.

# 달팽이랑 놀자!

### 달팽이

달팽이는 뼈가 없는 연체동물이며, 배다리를 이용하여 기어 다녀요. 피부가 건조하면 숨을 쉴 수 없기 때문에 비가 오거나 습기가 많은 날, 또는 서늘한 밤에 이동하고, 햇볕이 강하게 비치는 낮에는 그늘에서 쉬거나 껍데기 속에 들어가 꼼짝하지 않아요. 암수한몸이지만 짝짓기를 해서 알을 낳는데, 알에서 부화한 새끼 달팽이는 자라면서 껍데기가 단단해지고 소용돌이무늬의 꼬임 수도 점점 늘어나요.

# 달팽이는 왜 물기를 좋아하나요?

달팽이는 햇볕이 너무 뜨겁거나 더운 날에는 껍데기 속에 몸을 숨기고 꼼짝 않고 있다가 비가 촉촉하게 내리고 나면 더듬이를 몸 밖으로 내밀고 신이 나서 기어 다녀요.
달팽이는 왜 물기가 있는 촉촉한 곳을 좋아할까요?

## ▎달팽이의 조상

달팽이의 조상으로 보이는 생물이 지구상에 나타난 것은 지금으로부터 약 5억 7000만 년 전이에요. 그때는 소라나 전복처럼 달팽이도 바다에서 살았어요. 그런데 오랜 세월이 흐르면서 바닷속에서 진화를 거듭하다 어떤 무리는 먹이를 찾아 민물과 바닷물이 만나는 곳까지 거슬러 올라오고, 또 어떤 무리는 용감하게 땅으로 올라오면서 지금의 달팽이 무리가 생겨났어요. 그런데 바다에서 살던 습성이 아직까지 남아 있어서 땅에서 생활하는 지금도 여전히 축축하고 물기가 많은 곳을 좋아하지요.

▶ **달팽이의 조상** 원래는 바다에 살았으나 일부 무리가 땅으로 와 살게 되면서 지금의 달팽이가 되었어요.

## 바다에서 땅 위로 올라와 살게 된 달팽이

바다에 살던 달팽이가 땅 위로 올라와 살게 되면서 바다에서 살던 때와 달라진 점이 있어요. 달팽이가 바다에 살 때는 아가미로 숨을 쉬었지만 땅에서 살게 되면서 점차 아가미가 사라져 버렸어요. 그 대신 껍데기 안에 외투막이라는 얇은 막이 생겼고, 이 외투막이 허파가 하는 일을 해 주었어요. 오늘날 육지에 사는 달팽이는 아가미 대신 허파로 숨을 쉬어요.

그런데 물기를 좋아하는 달팽이를 물속에 넣으면 어떻게 될까요?
달팽이가 비록 물기를 좋아한다고는 해도 달팽이를 물속에 넣으면 죽고 말아요. 아가미가 없어서 물속에서는 숨을 쉬지 못하기 때문이에요. 그렇지만 달팽이는 몸에 물기가 어느 정도 있어야만 숨을 쉴 수 있기 때문에 몸이 항상 촉촉하게 젖어 있어야만 해요.

➡ **오늘날의 달팽이** 물속에서 살았던 옛날에는 아가미로 숨을 쉬었지만 오늘날은 땅에서 살면서 허파로 숨을 쉬어요.

# 느릿느릿 귀여운 달팽이를 키워 봐요

비가 와서 촉촉하게 젖은 풀잎 사이를 느릿느릿 기어가는 달팽이를 본 적이 있나요?
작고 귀여운 더듬이를 쭉 빼고 배다리를 꿈틀꿈틀 움직이며 요리조리 기어 다니는 조그마한 달팽이의 모습은 참 귀여워요. 자, 눈을 크게 뜨고 주변을 살펴보세요.
그리고 풀숲에서 귀여운 달팽이를 만나면 데려와 예쁘게 키워 봐요.

## 이런 것이 필요해요

| 달팽이 | 먹이(상추 잎, 배추 잎 등) | 나무토막 | 젖은 흙 | 분무기 | |
| 마른 잎 | 돌 | 물그릇 | 꽃삽 | 구멍 뚫린 상자 뚜껑 | 투명한 플라스틱 상자 |

## 달팽이를 길러 보아요

**1** 상자에 젖은 흙을 4~5센티미터 깔아요.

**2** 흙 위에 달팽이가 숨거나 쉴 수 있는 나무토막과 돌을 넣어요.

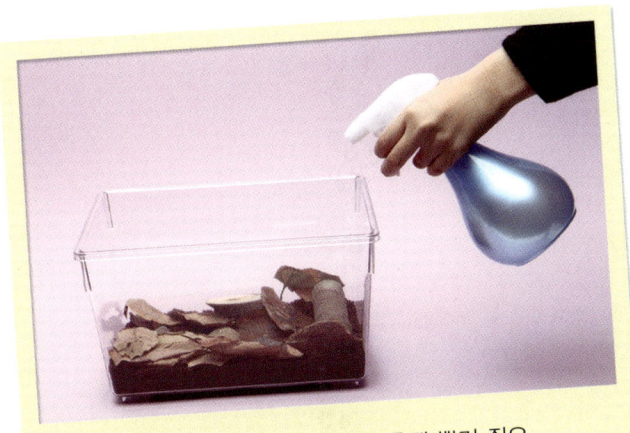

**3** 마른 잎을 깔고 분무기로 물을 흠뻑 뿌려 줘요.

**4** 먹이를 넣고 물을 담은 그릇을 한쪽에 넣어요.

달팽이가 햇볕을 직접 받지 않도록 해요.

**5** 달팽이를 조심스럽게 상자 안에 넣어요.

**6** 달팽이가 기어 나오지 못하도록 상자 뚜껑을 덮어 그늘진 곳에 두고 관찰해요.

## ⭐ 주의할 점을 알아보아요

- 사육 상자 안에 있는 흙이 마르지 않도록 분무기로 물을 자주 뿌려 줘요.
- 사육 상자의 뚜껑을 항상 닫아 수분이 쉽게 증발하지 않도록 해요.
- 달팽이는 주로 밤에 활동하므로, 먹이는 오후에 한 번 줘요.
- 전날 먹고 남은 먹이는 깨끗이 치워 주고, 새 먹이를 넣어 줘요.
- 가끔씩 달걀 껍데기를 주어요. 달걀 껍데기를 먹으면 달팽이의 껍데기가 튼튼해져요.
- 달팽이가 싼 똥은 바로바로 치워 줘요.
- 낮에는 약간 어둡게 해 줘요.
- 달팽이를 만지고 나면 꼭 손을 깨끗이 씻어요.

### ⭐ 달팽이를 채집할 수 있는 곳

달팽이는 축축하고 어두운 곳을 좋아해요. 따라서 낙엽이 쌓여 있는 풀숲, 밭 주변에 있는 돌무더기, 커다란 나무 아래를 찾아보면 달팽이를 발견할 수 있어요.

# 미술 작품 속의 달팽이는 어떤 모습일까요?

사람들은 등에 커다란 껍데기를 지고 살아가는 달팽이를 귀엽게 생각하기도 했지만, 한편으로는 무거운 짐을 지고 살아가는 사람들의 삶과 비슷하다고 생각했어요. 하지만 달팽이에게 껍데기는 부담스러운 짐이기보다는 적으로부터 자기 몸을 지켜 주는 아늑한 보금자리일지도 몰라요. 느리지만 성실하고, 껍데기는 딱딱하지만 껍데기 속에 감추어진 살은 부드러운 달팽이는 미술 작품 속에서 어떻게 표현되었을까요?

## ■ 주세페 아르침볼도의 〈흙〉

많은 화가들은 달팽이 껍데기에 뱅글뱅글 나 있는 소용돌이무늬에 많은 매력을 느꼈어요. 달팽이의 소용돌이무늬를 사실대로 그리기도 했지만, 자기만의 감정을 담아 독특하게 표현하기도 했지요. 이탈리아의 화가인 주세페 아르침볼도(1527~1593년)는 과일이나 채소, 동물, 꽃 등을 이용해 사람의 얼굴을 아주 기괴하고 독창적으로 표현한 것으로 유명해요. 그는 과일이나 꽃, 채소, 동물 등을 묘한 균형을 이루도록 배치해 마치 사람의 얼굴처럼 표현했어요. 따라서 그의 그림은 여러 가지 정물을 표현한 정물화이면서 동시에 사람의 얼굴을 그린 초상화라고 할 수 있어요. 그의 작품 중에는 4계절을 나타낸 〈봄〉, 〈여름〉, 〈가을〉, 〈겨울〉의 초상화 시리즈와 우주를 이루는 4가지 원소를 나타낸 〈물〉, 〈불〉, 〈공기〉, 〈흙〉의 초상화 시리즈가 유명해요. 그중에서 〈흙〉의 초상화에는 흙에서 느리게 살아가는 달팽이를 비롯하여 거미, 나무뿌리, 꽃 등의 정물이 그려져 있어요.

➔ 〈흙〉 우주를 구성하는 물, 불, 공기, 흙의 4가지 원소 중 흙을 표현한 그림이에요. 흙과 관련된 여러 동물과 식물로 사람의 얼굴 모습을 나타냈어요.

## 건축물과 생활용품 속에 나타난 달팽이의 모습

달팽이의 껍데기에 나 있는 소용돌이 모양은 많은 건축물에도 응용되고 있어요. 대표적인 것이 미국 뉴욕에 있는 구겐하임 미술관인데, 달팽이 모습을 닮은 세계적으로 유명한 건축물이에요.
이 건물은 1943년에 건축가 프랭크 로이드 라이트가 설계했고, 1959년에 완성했어요. 큰 달팽이를 닮은 이 건물은 탁 트여 통풍이 잘되는 천장을 중심으로 계단이 없이 달팽이의 껍데기 모양처럼 뱅글뱅글 돌면서 걸어가게 설계되었어요.
그 밖에도 소용돌이 모양을 한 나선형 구조의 계단, 달팽이가 조각되어 있는 간판, 달팽이 조각품 등에서 달팽이의 모습을 볼 수 있어요.

➜ **구겐하임 미술관의 내부 모습** 계단 없이 빙글빙글 돌면서 오르도록 설계되어 있어 아래에서 올려다보면 달팽이 껍데기의 소용돌이무늬처럼 보여요.

➜ **달팽이가 조각된 그릇** 17세기경에 유럽에서 만든 수공예품이에요. 금, 루비, 에메랄드 등의 보석으로 장식했으며, 뚜껑의 손잡이에 달팽이가 조각되어 있어요.

➜ **슬로 푸드 간판** 슬로 푸드는 인스턴트식품이나 패스트푸드와는 달리 천천히 조리하고 건강에 도움을 주는 음식을 말해요. 슬로 푸드를 상징하는 동물은 바로 느리게 기어가는 달팽이예요.

**더 알아보아요**

## 달팽이 껍데기의 소용돌이무늬는 꼬이는 방향이 모두 같은가요?

달팽이마다 껍데기가 꼬이는 방향이 달라요. 껍데기가 오른쪽으로 꼬이는 것을 '오른돌이'라고 하고, 왼쪽으로 꼬이는 것을 '왼돌이'라고 해요. 껍데기의 꼬임이 시작되는 꼭지를 위로 오게 세워서 껍데기 입구가 어느 쪽에 있는지 살펴보면 오른돌이인지 왼돌이인지 알 수 있어요. 입구가 오른쪽에 있으면 오른돌이이고, 왼쪽에 있으면 왼돌이예요.

오른돌이 달팽이      왼돌이 달팽이

## 달팽이 껍데기에 구멍이 나면 어떻게 되나요?

달팽이의 껍데기는 천적으로부터 달팽이를 지켜 주기 때문에 달팽이에게 아주 중요해요. 달팽이 껍데기에 구멍이 나면 외투막에서 석회질이 나와 얇은 막이 생겨요. 그리고 2주일 정도가 지나면 껍데기의 구멍이 메워져 원래 상태로 돼요.

## 달팽이와 고둥은 어떻게 다른가요?

달팽이는 배다리(복족)를 가진 연체동물인데, 배다리를 가진 동물을 통틀어 '고둥'이라고 해요. 우렁이나 소라 등도 모두 배다리를 가지고 있기 때문에 고둥의 무리라고 할 수 있어요. 즉 우렁이나 소라는 민물이나 바다에 사는 고둥이고, 달팽이는 땅에서 사는 고둥이라고 말할 수 있어요. 고둥의 무리는 대개 단단한 껍데기를 가지고 있는데, 껍데기는 적으로부터 몸을 보호해 주는 역할을 해요.

## 달팽이는 배다리를 어떻게 움직이면서 이동하나요?

달팽이는 배다리에 있는 근육을 물결치는 것처럼 움직이면서 이동해요. 달팽이의 배다리 안쪽에는 그림자 같은 가로줄 무늬의 근육이 있는데, 이 근육을 꼬리 쪽에서 머리 방향으로 물결치듯이 움직이면서 앞으로 기어가요. 이때 몸에서 나오는 끈끈한 점액이 몸을 착 달라붙게 만들기 때문에 미끄러운 유리판에서도 미끄러지지 않고 잘 기어갈 수 있어요.

## 모든 달팽이는 식물성 먹이만 먹나요?

달팽이가 좋아하는 먹이는 대개 연한 풀잎이나 나뭇잎, 이끼 등과 같은 식물성이에요. 채소는 무엇이든 잘 먹지만 특히 단맛이 나고 연한 것을 좋아해요. 그 밖에 썩은 낙엽이나 버섯도 좋아해요. 어떤 달팽이는 고기를 좋아해서 작은 동물이나 다른 달팽이를 잡아먹기도 해요.

## 사람들은 달팽이를 언제부터 요리에 사용하기 시작했나요?

선사 시대의 유적지나 동굴 등에서 달팽이 껍데기가 발견된 것으로 보아 사람들은 아주 오랜 옛날부터 달팽이를 먹었음을 알 수 있어요. 특히 달팽이 요리로 유명한 유럽에서는 고대 로마 시대부터 이미 달팽이를 양식하여 요리에 사용했는데, 그 당시 로마 귀족들은 양식한 달팽이 요리를 즐겼다고 해요. 귀족들의 음식으로 남아 있던 달팽이 요리는 15세기에 이르러서 프랑스에도 전래되었어요. 15세기경에 프랑스의 한 법관이 빈민을 구제할 목적으로 자신의 땅을 포도밭으로 만들어 포도를 재배했는데, 포도 잎을 갉아 먹는 달팽이들의 수가 급격히 늘어났어요. 그는 포도밭에 해로운 달팽이를 잡아서 어떻게 처리할까 고민하던 중에 달팽이도 요리를 해서 먹었다고 해요. 하지만 프랑스에 달팽이 요리가 널리 퍼진 것은 18~19세기 이후라고 해요. 프랑스의 달팽이 요리는 양념에 섞은 달팽이 살을 달팽이 껍데기에 넣고 찐 거예요. 우리나라에서는 달팽이를 음식의 재료가 아닌 약으로 주로 사용하기 때문에 달팽이 요리가 널리 퍼지진 않았어요.

## 우리나라에서만 발견되는 특산종 달팽이가 있나요?

달팽이는 멀리 이동할 수 없기 때문에 넓은 지역에 퍼져 살지 못해요. 따라서 어느 특정한 지역에서만 발견되는 특산종이 많아요. 우리나라에도 수십여 종의 특산종 달팽이가 있는데, 특히 제주특별자치도나 울릉도에는 특산종 달팽이가 많아요. 대표적인 것이 '제주배꼽털달팽이'와 '울릉도달팽이'인데, 이들이 우리나라에서 사라지면 지구상에서 영원히 사라지는 것이기 때문에 특히 잘 보호해야 해요.

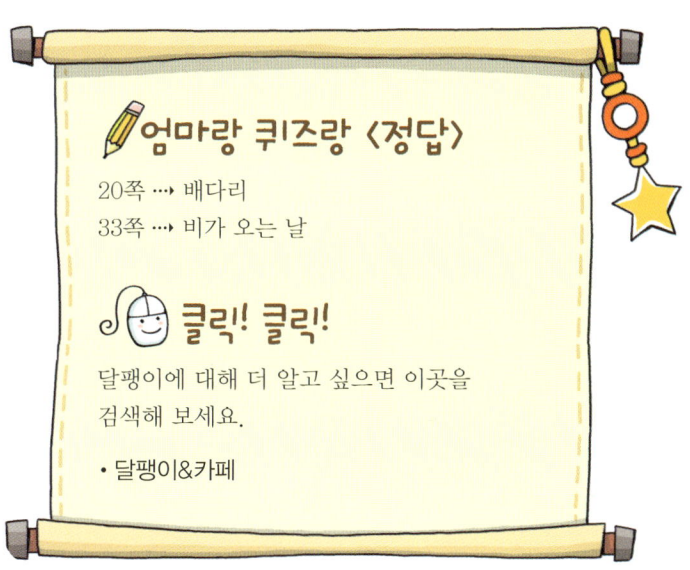

### ✏️ 엄마랑 퀴즈랑 〈정답〉

20쪽 → 배다리
33쪽 → 비가 오는 날

### 🖱️ 클릭! 클릭!

달팽이에 대해 더 알고 싶으면 이곳을 검색해 보세요.

• 달팽이&카페